学ぶ人は、
変えて
ゆく人だ。

目《め》の前《まえ》にある問題《もんだい》はもちろん、

人生《じんせい》の問《と》いや、社会《しゃかい》の課題《かだい》を自《みずか》ら見《み》つけ、

挑《いど》み続《つづ》けるために、人《ひと》は学《まな》ぶ。

「学《まな》び」で、少《すこ》しずつ世界《せかい》は変《か》えてゆける。

いつでも、どこでも、誰《だれ》でも、

学《まな》ぶことができる世《よ》の中《なか》へ。

旺文社《おうぶんしゃ》

本書の特長と使い方

◆本書が目指す「漢字検定（漢検）」とは、公益財団法人日本漢字能力検定協会が主催《しゅさい》する「日本漢字能力検定」のことです。

◆本書は、7日間で漢字検定6級の試験対策《たいさく》をする書き込《こ》み式の直前対策ドリルです。

◆過去の検定試験で実際に出題された漢字を、独自にコンピューターで分析《ぶんせき》し、よくでる問題を収録《しゅうろく》しました。出題分野ごとに頻度《ひんど》を分析しましたので、効果的な学習が可能です。頻度の高い漢字は、さまざまな分野で繰《く》り返し収録されています。

◆1～5日目の練習ドリルは、「読み」「漢字と送りがな」「部首名と部首」「画数」「じゅく語の構成」「三字のじゅく語」「対義語・類義語」「じゅく語作り」「音と訓」「同じ読みの漢字」「書き取り」の出題分野別に構成しています。

◆6・7日目には、本番形式の予想問題を収録しています。学習の総仕上げなので、時間をきちんと計って取り組んでください。

◆実際に書き込みながら学習することで、確実な漢字の知識が身につきます。漢字の解答は、楷書《かいしょ》体で、はねるところ、とめるところなどを、はっきりと書くように気をつけましょう。

◆6級の合格基準は正答率70％程度です。本書では、各ページに合格点のめやすを表示しました。

もくじ

編集協力　株式会社友人社
校正　鈴木充美
装丁・本文デザイン　前田由美子（有限会社アチワデザイン室）
装丁・本文イラスト　三木謙次

出題内容・出題範囲《はんい》

内容／級	6級	7級
漢字の読み	○	○
送り仮名	○	○
部首・部首名	○	○
筆順・画数	○	○
熟語《じゅくご》の構成	○	
三字熟語	○	○
対義語・類義語	○	○
同音・同訓異字《いじ》	○	○
漢字の書取	○	○
（対象漢字）	対象漢字 835字（7級までの対象漢字642字＋6級配当漢字193字） ※中学校で習う読みは含《ふく》まない	対象漢字 642字（8級までの対象漢字440字＋7級配当漢字202字） ※中学校で習う読みは含まない ※7級では「類義語」「同訓異字」は出題されない
レベル	小学校5年生修了《しゅうりょう》程度	小学校4年生修了程度
検定時間	60分	60分
検定料	3000円	3000円

●出題対象となる漢字

漢字検定では、それぞれの級に定められた出題範囲があります。それぞれの級で新たに出題対象となる漢字を配当漢字といい、当該《とうがい》級はそれ以下の級の配当漢字も出題範囲に含まれることが原則です。（上表参照）

●漢字検定6級の採点基準

◇採点の対象…筆画を正しく、明確に書かれた字を採点の対象とし、くずした字や乱雑《らんざつ》に書かれた字は採点の対象外です。

◇字種・字体・読み…2～10級の解答は、内閣《ないかく》告示「常用漢字表」（平成22年）によります。旧字体での解答は不正解となります。

◇仮名遣《づか》い…内閣告示「現代仮名遣い」によります。

◇送り仮名…内閣告示「送り仮名の付け方」によります。

◇部首…『漢検要覧《ようらん》2～10級対応』（公益財団法人日本漢字能力検定協会発行）収録《しゅうろく》の「部首一覧表と部首別の常用漢字」によります。

◇筆順…筆順の原則は、文部省（現文部科学省）編『筆順指導の手びき』（昭和33年）によります。常用漢字ごとの筆順については、『漢検要覧2～10級対応』収録の「常用漢字の筆順一覧」によります。

◇合格基準…合格のめやすは、正答率70％程度です。200点満点ですから、140点以上とれれば合格の可能性大です。

問い合わせ先
公益財団法人日本漢字能力検定協会
本　部　〒605-0074　京都府京都市東山区祇園町南側551番地
TEL 075-757-8600　FAX 075-532-1110
東京事務所　〒108-0023　東京都港区芝浦3丁目17-11　天翔田町ビル6階
URL　https://www.kanken.or.jp/

6級　配当漢字表（193字）

※漢字検定6級で、新たに出題の対象となる配当漢字193字を五十音順に一覧にしました。

ア	圧
イ	囲 移 因
エ	永 営 衛 易 益 液 演
オ	応 往 桜
カ	可 仮 価 河 過 快 解 格 確 額 刊 幹 慣 眼
キ	紀 基 寄 規 喜 技 義 逆 久 旧 救 居 許 境 均 禁
ク	句
ケ	型 経 潔 件 険 検 限 現 減
コ	故 個 護 効 厚 耕 航 鉱 構 興 講 告 混
サ	査 再 災 妻 採 際 在 財 罪 殺 雑 酸 賛
シ	士 支 史 志 枝 師 資 飼 示 似 識 質 舎 謝 授 修 述 術 準 序 招 証 象 賞 条 状 常 情 織 職
セ	制 性 政 勢 精 製 税 責 績 接 設 絶
ソ	祖 素 総 造 像 増 則 測 属 率 損
タ	貸 態 団 断
チ	築 貯 張
テ	停 提 程 適
ト	統 堂 銅 導 得 毒 独
ニ	任
ネ	燃
ノ	能
ハ	破 犯 判 版
ヒ	比 肥 非 費 備 評 貧
フ	布 婦 武 復 複 仏 粉
ヘ	編 弁
ホ	保 墓 報 豊 防 貿 暴
ミ	脈
ム	務 夢
メ	迷 綿
ユ	輸
ヨ	余 容
リ	略 留 領
レ	歴

※2・3ページの情報は2024年9月現在のものです。内容は変更《へんこう》されることがありますので、詳《くわ》しくは日本漢字能力検定協会にお問い合わせください。

1日目 練習ドリル

読み

◆次の――線の**漢字の読み**を**ひらがな**で書きなさい。

解答➡べっさつP.2

合格点	得点
13/18	/18

□ 1 都会に残された自然を保護する。（　　）

□ 2 近所で評判のいい店に行く。（　　）

□ 3 歴史を感じる家のつくりだ。（　　）

□ 4 時計が正確に動いている。（　　）

□ 5 実在しないモンスターの物語。（　　）

□ 6 山小屋で天体観測をする。（　　）

□ 7 防災に役立つ資料を集める。（　　）

□ 8 修学旅行で仏像めぐりをする。（　　）

□ 9 まっすぐ家に帰るよう指導する。（　　）

□ 10 今日の出来事を親に報告する。（　　）

□ 11 校舎にはだれも残っていなかった。（　　）

□ 12 野球では守備が得意だ。（　　）

□ 13 学校と家の往復で三十分かかる。（　　）

□ 14 もらったお年玉は貯金している。（　　）

□ 15 その商品は数に限りがある。（　　）

□ 16 群れで行動する動物がいる。（　　）

□ 17 冬に向けてセーターを編む。（　　）

□ 18 情けは人のためならず。（　　）

書き取り

◆次の――線の**カタカナ**を**漢字**になおしなさい。

合格点	得点
13/18	/18

1 **キソク**性がある数字のならび方。

2 **ギジュツ**力で勝負する。

3 **キホン**となる内容を覚える。

4 **ショウジョウ**を額に入れてかざる。

5 この薬はめまいに**コウカ**がある。

6 **ゴウカク**の通知を受け取る。

7 **コクサイ**色豊かな都市。

8 **ニクガン**で見える星は一部だ。

9 なだらかな**サンミャク**が連なる。

10 あの店は昼には**コンザツ**している。

11 手をあらって**セイケツ**にする。

12 成功の**ヨロコ**びでいっぱいだ。

13 **ケワ**しい顔つきでだまりこむ。

14 **ユメ**のような出来事が起こる。

15 自らの決意を態度で**シメ**す。

16 金魚をたくさん**カ**っている。

17 犬が**イキオ**いよく走り出す。

18 たき火がさかんに**モ**える。

じゅく語の構成

◆漢字を二字組み合わせたじゅく語では、二つの漢字の間に意味の上で、次のような関係があります。

合格点	得点
14/20	/20

ア 反対や対《つい》になる意味の字を組み合わせたもの……（**上下**）
イ 同じような意味の字を組み合わせたもの……（**森林**）
ウ 上の字が下の字の意味を説明（修飾《しょく》）しているもの…（**海水**）
エ 下の字から上の字へ返って読むと意味がよくわかるもの…（**消火**）

次の**じゅく語**は、右の**ア〜エ**のどれにあたるか、**記号**で答えなさい。

□ 1 移動（　　）
□ 2 在学（　　）
□ 3 安易（　　）
□ 4 最適（　　）
□ 5 計測（　　）
□ 6 謝罪（　　）
□ 7 悲報（　　）
□ 8 豊富（　　）
□ 9 罪人（　　）
□ 10 造船（　　）
□ 11 快走（　　）
□ 12 増減（　　）
□ 13 利害（　　）
□ 14 遠近（　　）
□ 15 道路（　　）
□ 16 大仏（　　）
□ 17 苦楽（　　）
□ 18 銅像（　　）
□ 19 売買（　　）
□ 20 入団（　　）

三字のじゅく語

◆次の**カタカナ**を**漢字**になおし、**一字**だけ書きなさい。

解答➡べっさつP.2

合格点	得点
12/17	/17

□ 1 不**エイ**生（　　）

□ 2 **カ**分数（　　）

□ 3 **ユ**入品（　　）

□ 4 好成**セキ**（　　）

□ 5 道**トク**的（　　）

□ 6 **ショウ**竹梅（　　）

□ 7 新**カン**線（　　）

□ 8 **ゲン**住所（　　）

□ 9 消費**ゼイ**（　　）

□ 10 伝**トウ**的（　　）

□ 11 **ベン**当箱（　　）

□ 12 **テイ**留所（　　）

□ 13 好**ジョウ**件（　　）

□ 14 **ドク**自性（　　）

□ 15 習**カン**化（　　）

□ 16 未**ケイ**験（　　）

□ 17 **ボウ**風雨（　　）

対義語・類義語

◆後の［　］の中のひらがなを漢字になおして、**対義語**（意味が反対や対《つい》になることば）と、**類義語**（意味がよくにたことば）を書きなさい。［　］の中のひらがなは**一度だけ**使い、**漢字一字**を書きなさい。

解答➡べっさつP.3

合格点	得点
12/16	/16

対義語

□ 1 許可―（　）止

□ 2 回答―（　）問

□ 3 順風―（　）風

［ぎゃく・きん・しつ］

類義語

□ 4 責務―責（　）

□ 5 仕事―（　）業

□ 6 用意―（　）備

［じゅん・しょく・にん］

対義語

□ 7 実名―（　）名

□ 8 固体―（　）体

□ 9 用心―油（　）

□ 10 希望―（　）望

□ 11 子孫―先（　）

［えき・か・ぜつ・ぞ・だん］

類義語

□ 12 永遠―永（　）

□ 13 建設―建（　）

□ 14 以前―（　）去

□ 15 家屋―住（　）

□ 16 平等―（　）等

［か・きゅう・きょ・きん・ちく］

音と訓

◆漢字の読みには**音**と**訓**があります。次の**じゅく語の読み**は［ ］の中のどの組み合わせになっていますか。**ア～エの記号**で答えなさい。

解答➡べっさつP.3

合格点 16/22　得点 /22

ア 音と音　イ 音と訓
ウ 訓と訓　エ 訓と音

□ 1 両《りょう》足《あし》（　）

□ 2 道《みち》順《じゅん》（　）

□ 3 旧《きゅう》型《がた》（　）

□ 4 桜《さくら》草《そう》（　）

□ 5 横《よこ》町《ちょう》（　）

□ 6 手《て》相《そう》（　）

□ 7 枝《えだ》豆《まめ》（　）

□ 8 無《む》口《くち》（　）

□ 9 味《み》方《かた》（　）

□ 10 初《はつ》夢《ゆめ》（　）

□ 11 検《けん》査《さ》（　）

□ 12 消《けし》印《いん》（　）

□ 13 酸《さん》素《そ》（　）

□ 14 布《ぬの》地《じ》（　）

□ 15 厚《あつ》紙《がみ》（　）

□ 16 武《ぶ》士《し》（　）

□ 17 毎《まい》朝《あさ》（　）

□ 18 織《おり》物《もの》（　）

□ 19 解《かい》決《けつ》（　）

□ 20 残《ざん》高《だか》（　）

□ 21 重《じゅう》箱《ばこ》（　）

□ 22 書《かき》留《とめ》（　）

2日目 練習ドリル

読み

◆次の――線の漢字の読みをひらがなで書きなさい。

解答➡べっさつP.4

合格点	得点
13/18	/18

□1 輸送のための人員を確保する。（　　）

□2 病気から回復しつつある。（　　）

□3 絵画を文化財として保護する。（　　）

□4 説明に必要な資料を配布する。（　　）

□5 今年もアユ漁が解禁された。（　　）

□6 花だんに肥料をまく。（　　）

□7 見学には役所の許可がいる。（　　）

□8 いつのまにか心境が変化した。（　　）

□9 発表会の最初に独唱する。（　　）

□10 国際的な物の見方をする。（　　）

□11 その銅像は歴史上で有名な人だ。（　　）

□12 台風で島行きの船が欠航する。（　　）

□13 お寺が改修していて入れない。（　　）

□14 表情がとても険しい。（　　）

□15 木の幹にセミがとまっている。（　　）

□16 以前に比べると読みやすい。（　　）

□17 市内の交通事故が減る。（　　）

□18 水と油を混ぜてみる。（　　）

書き取り

◆次の——線のカタカナを漢字になおしなさい。

合格点	得点
13/18	/18

□ 1 工場で**キンゾク**を加工する。（　　）

□ 2 西洋**ビジュツ**の歴史を学ぶ。（　　）

□ 3 石を**サイシュウ**して標本をつくる。（　　）

□ 4 実験にかかる**ヒヨウ**を見積もる。（　　）

□ 5 ケーキを**キントウ**に分ける。（　　）

□ 6 **テキセツ**な表現を思いつかない。（　　）

□ 7 カードゲームに**ムチュウ**になる。（　　）

□ 8 お客様を**オウセツ**室に通す。（　　）

□ 9 **トクイ**げな顔で話をする。（　　）

□ 10 **ドウトク**的に正しい行動。（　　）

□ 11 先生が生徒を**シドウ**する。（　　）

□ 12 遠足の**ベントウ**が楽しみだ。（　　）

□ 13 人間には**サンソ**が欠かせない。（　　）

□ 14 **チョキン**を下ろして自転車を買う。（　　）

□ 15 **ホトケ**の顔も三度まで。（　　）

□ 16 草食動物は**ム**れて行動する。（　　）

□ 17 自分なりの意見を**ノ**べる。（　　）

□ 18 **フタタ**びここに現れることはない。（　　）

漢字と送りがな

◆次の——線のカタカナを○の中の**漢字と送りがな**（ひらがな）で書きなさい。

解答➡べっさつP.4

合格点	得点
13/18	/18

□ 1 ㊀耕 種まきの前に畑を**タガヤス**。（　　）
□ 2 過 あっという間に時が**スギル**。（　　）
□ 3 示 地図に印を付けて場所を**シメス**。（　　）
□ 4 任 家事のすべてを**マカセル**。（　　）
□ 5 厚 **アツイ**辞書を持ち歩く。（　　）
□ 6 支 足にけがをした人を**ササエル**。（　　）
□ 7 破 だいじな約束を**ヤブル**。（　　）
□ 8 確 横断する前に信号を**タシカメル**。（　　）
□ 9 招 お守りで幸運を**マネク**。（　　）
□ 10 余 作りすぎて料理が**アマル**。（　　）
□ 11 寄 **ヨセル**波と引く波をながめる。（　　）
□ 12 設 話し合いの機会を**モウケル**。（　　）
□ 13 暴 子どもが泣いて**アバレル**。（　　）
□ 14 慣 転校先の学校生活に**ナレル**。（　　）
□ 15 率 人を**ヒキイル**能力も必要だ。（　　）
□ 16 限 今回に**カギリ**入場できる。（　　）
□ 17 移 便利な場所に住まいを**ウツス**。（　　）
□ 18 快 春の風がほおに**ココロヨイ**。（　　）

部首名と部首

◆次の漢字の部首名と部首を書きなさい。部首名は、後の[ ]から選んで記号で答えなさい。

解答➡べっさつP.4

合格点	得点
10/14	/14

	漢字	部首名	部首
□1	際・防	（　　）	［　　］
□2	序・底	（　　）	［　　］
□3	刊・判	（　　）	［　　］
□4	賀・貸	（　　）	［　　］

アまだれ　**イ**かい・こがい
ウこざとへん　**エ**りっとう

	漢字	部首名	部首
□5	往・得	（　　）	［　　］
□6	容・官	（　　）	［　　］
□7	居・局	（　　）	［　　］
□8	故・改	（　　）	［　　］

アのぶん・ぼくづくり
イうかんむり　**ウ**ぎょうにんべん
エかばね・しかばね

	漢字	部首名	部首
□9	墓・基	（　　）	［　　］
□10	額・順	（　　）	［　　］
□11	然・熱	（　　）	［　　］
□12	固・団	（　　）	［　　］
□13	迷・造	（　　）	［　　］
□14	志・念	（　　）	［　　］

アくにがまえ　**イ**れんが・れっか
ウおおがい　**エ**つち　**オ**こころ
カしんにょう・しんにゅう

じゅく語作り

◆上の読みの漢字を[ ]の中から選び、（　）にあてはめて**じゅく語**を作りなさい。答えは**記号**で書きなさい。

解答➡べっさつP.5

合格点	得点
11/15	/15

読み	
ケン	事（1）・（2）査・経（3）
シ	意（4）・教（5）・（6）店

ア験　イ志　ウ検　エ試　オ建　カ研　キ師　ク険　ケ件　コ歯　サ資　シ支

□1（　　）　□2（　　）　□3（　　）
□4（　　）　□5（　　）　□6（　　）

読み	
ショウ	（7）待・（8）失・（9）明
ホウ	（10）告・（11）作・（12）帯
ヒョウ	（13）判・（14）河・（15）準

ア評　イ包　ウ賞　エ招　オ氷　カ放　キ豊　ク票　ケ勝　コ報　サ表　シ証　ス標　セ方　ソ章　タ唱　チ法　ツ焼

□7（　　）　□8（　　）　□9（　　）
□10（　　）　□11（　　）　□12（　　）
□13（　　）　□14（　　）　□15（　　）

同じ読みの漢字

◆次の――線の**カタカナ**を**漢字**になおしなさい。

解答➡べっさつP.5

合格点	得点
11/15	/15

□ 1 いつか**セイ**治家になりたい。（　　）

□ 2 つらい時に**セイ**神力がためされた。（　　）

□ 3 歴**シ**のある建物を見学する。（　　）

□ 4 人気歌手が**シ**会をする番組。（　　）

□ 5 **サカ**立ちしてもかなわない。（　　）

□ 6 急な**サカ**をいっきに登る。（　　）

□ 7 この薬はやけどに**コウ**果がある。（　　）

□ 8 日本は鉄**コウ**石を輸入している。（　　）

□ 9 おばの家では犬を**カ**っている。（　　）

□ 10 スーパーでりんごを**カ**ってくる。（　　）

□ 11 手芸クラブの部長を**ツト**める。（　　）

□ 12 きれいな町になるよう**ツト**める。（　　）

□ 13 全部売れても利**エキ**はわずかだ。（　　）

□ 14 新しい大臣は貿**エキ**に力を入れる。（　　）

□ 15 同じ血**エキ**型の友人がいる。（　　）

3日目 練習ドリル

読み

◆次の——線の漢字の読みをひらがなで書きなさい。

解答➡べっさつP.6

合格点	得点
13/18	/18

□ 1 建築物の構造について調べる。（　　）

□ 2 暴風に負けず外を歩く。（　　）

□ 3 古新聞を再生して利用する。（　　）

□ 4 買ってきた物を空き容器に移す。（　　）

□ 5 山を切り開いて耕地にする。（　　）

□ 6 銀河にはいろいろな形がある。（　　）

□ 7 木の板を使って版画を作る。（　　）

□ 8 物事を順序よく進める。（　　）

□ 9 集中して仕事の能率を上げる。（　　）

□ 10 統計の結果をいかす。（　　）

□ 11 適度に休みながら勉強する。（　　）

□ 12 音楽会はもうすぐ開演する。（　　）

□ 13 ストーブの燃料を用意する。（　　）

□ 14 勢いをつけて飛びこむ。（　　）

□ 15 たけのこ採りを楽しみにしている。（　　）

□ 16 通い慣れた道なので安心だ。（　　）

□ 17 特別に設けられた機会をいかす。（　　）

□ 18 目標にしていた記録を破った。（　　）

書き取り

◆次の——線の**カタカナ**を**漢字**になおしなさい。

合格点	得点
13/18	/18

□ 1 **ゲンザイ**の世界人口が発表される。

□ 2 **ブシ**に二言なし。

□ 3 あたえられた**セキニン**を果たす。

□ 4 町の**ハンザイ**に目を配る。

□ 5 日曜日の**コウシャ**は静かだ。

□ 6 会って**チョクセツ**話すべきだ。

□ 7 病院で**ケツエキ**の検査をする。

□ 8 算数の**ジュギョウ**が楽しくなる。

□ 9 **リュウガク**生を受け入れる。

□ 10 仕事が早いと**ヒョウバン**の職人。

□ 11 試験では正しい**チシキ**が問われる。

□ 12 ここから先は立ち入り**キンシ**だ。

□ 13 父は外国にも**シュッチョウ**する。

□ 14 試合に**ソナ**えて練習する。

□ 15 分**アツ**いステーキを夕食に焼く。

□ 16 親せきの家で夏休みを**ス**ごした。

□ 17 予想より**ヤサ**しい問題だった。

□ 18 重ね着して寒さを**フセ**ぐ。

画数

◆次の漢字の**太い画**のところは**筆順の何画目か**、また**総画数は何画か**、**算用数字**（1、2、3…）で答えなさい。

解答➡べっさつP.6

合格点	得点
14/20	/20

何画目　総画数

□ 1 肥（　）［　］

□ 2 義（　）［　］

□ 3 素（　）［　］

□ 4 毒（　）［　］

何画目　総画数

□ 5 程（　）［　］

□ 6 績（　）［　］

□ 7 編（　）［　］

□ 8 似（　）［　］

何画目　総画数

□ 9 報（　）［　］

□ 10 際（　）［　］

□ 11 弁（　）［　］

□ 12 貿（　）［　］

□ 13 制（　）［　］

□ 14 堂（　）［　］

何画目　総画数

□ 15 婦（　）［　］

□ 16 暴（　）［　］

□ 17 性（　）［　］

□ 18 団（　）［　］

□ 19 断（　）［　］

□ 20 状（　）［　］

じゅく語の構成

◆漢字を二字組み合わせたじゅく語では、二つの漢字の間に意味の上で、次のような関係があります。

解答➡べっさつP.6

合格点	得点
14/20	/20

ア 反対や対《つい》になる意味の字を組み合わせたもの……（上下）

イ 同じような意味の字を組み合わせたもの……（森林）

ウ 上の字が下の字の意味を説明（修飾《しょく》）しているもの…（海水）

エ 下の字から上の字へ返って読むと意味がよくわかるもの…（消火）

次の**じゅく語**は、右の**ア～エ**のどれにあたるか、**記号**で答えなさい。

□ 1 再会（　　）

□ 2 新旧（　　）

□ 3 物価（　　）

□ 4 加熱（　　）

□ 5 救助（　　）

□ 6 自他（　　）

□ 7 省略（　　）

□ 8 因果（　　）

□ 9 国境（　　）

□ 10 願望（　　）

□ 11 永住（　　）

□ 12 酸性（　　）

□ 13 断続（　　）

□ 14 寒暑（　　）

□ 15 身体（　　）

□ 16 禁漁（　　）

□ 17 眼科（　　）

□ 18 単独（　　）

□ 19 損得（　　）

□ 20 人情（　　）

三字のじゅく語

◆次のカタカナを漢字になおし、一字だけ書きなさい。

合格点	得点
12/17	/17

□ 1 カ能性（　　）

□ 2 ユメ物語（　　）

□ 3 無ジョウ件（　　）

□ 4 毛オリ物（　　）

□ 5 無期ゲン（　　）

□ 6 平キン化（　　）

□ 7 ショウ明書（　　）

□ 8 キ本的（　　）

□ 9 本カク的（　　）

□ 10 成セキ表（　　）

□ 11 ジュン決勝（　　）

□ 12 複ザツ化（　　）

□ 13 ク読点（　　）

□ 14 ギャク回転（　　）

□ 15 無表ジョウ（　　）

□ 16 低気アツ（　　）

□ 17 ソ父母（　　）

対義語・類義語

解答➡べっさつP.7

◆後の□の中のひらがなを漢字になおして、**対義語**（意味が反対や対《つい》になることば）と、**類義語**（意味がよくにたことば）を書きなさい。□の中のひらがなは**一度だけ**使い、**漢字一字**を書きなさい。

合格点	得点
12/16	/16

対義語

□ 1 生産―消（　　）

□ 2 実際―想（　　）

□ 3 増加―（　　）少

げん・ぞう・ひ

類義語

□ 4 失望―（　　）望

□ 5 関心―（　　）味

□ 6 同意―（　　）成

きょう・さん・ぜつ

対義語

□ 7 平常―（　　）常

□ 8 本店―（　　）店

□ 9 損失―利（　　）

□ 10 合成―分（　　）

□ 11 予習―（　　）習

えき・かい・し・ひ・ふく

類義語

□ 12 火事―火（　　）

□ 13 技能―技（　　）

□ 14 運送―運（　　）

□ 15 返事―（　　）答

□ 16 衛生―（　　）健

おう・さい・じゅつ・ほ・ゆ

4日目 練習ドリル

読み

◆次の——線の**漢字**の**読み**を**ひらがな**で書きなさい。

解答➡べっさつP.8

合格点	得点
13/18	/18

□ 1 この曲は音程を取りにくい。（　　）

□ 2 個性的なところを大切にする。（　　）

□ 3 家までの略図をわたす。（　　）

□ 4 平均すると三日に一度は会う。（　　）

□ 5 殺風景な部屋でくらす。（　　）

□ 6 その調査には時間がかかりそうだ。（　　）

□ 7 自分の力をためす絶好の機会だ。（　　）

□ 8 兄は軽快に走り去っていった。（　　）

□ 9 アメリカに留学して英語を学ぶ。（　　）

□ 10 作文コンクールで入賞する。（　　）

□ 11 試合は逆転ホームランで終わった。（　　）

□ 12 人工衛星を打ち上げる。（　　）

□ 13 ランドセルの価格はいろいろだ。（　　）

□ 14 毎日の体そうで健康を保つ。（　　）

□ 15 燃えるゴミを分ける。（　　）

□ 16 教室の面積を測る。（　　）

□ 17 家の土台をしっかりと築く。（　　）

□ 18 毎年必ず墓参りに行く。（　　）

書き取り

◆次の――線の**カタカナ**を**漢字**になおしなさい。

解答➡ べっさつ P.8

合格点	得点
13/18	/18

1 徒歩での**イドウ**が大変だ。

2 本番への**ジュンビ**を整える。

3 不注意による交通**ジコ**。

4 **デントウ**工芸品を集める。

5 **ソボ**から着物をゆずり受けた。

6 健康上の理由で**ジショク**する。

7 畑に生えた**ザッソウ**をぬく。

8 トラックが店先を**ハソン**させた。

9 会社は**リエキ**を追求する。

10 起きてすぐ**チョウカン**を読む。

11 **テイキアツ**が近づき雨になる。

12 市街地に**ケンセツ**中のビルがある。

13 左右を見て道路を**オウダン**する。

14 **コエダ**を集めてたき火をする。

15 見わたす**カギ**り人がぎっしりいる。

16 うら庭の畑を**タガヤ**す。

17 ビーチバレーのネットを**ハ**る。

18 会の出し物は生徒に**マカ**せる。

漢字と送りがな四

◆次の――線のカタカナを○の中の漢字と送りがな（ひらがな）で書きなさい。

解答➡べっさつP.8

合格点	得点
13/18	/18

□ 1 （貧）**マズシイ**国もまだ多い。（　　）

□ 2 （囲）池の周りを石で**カコム**。（　　）

□ 3 （述）自分の意見をはっきり**ノベル**。（　　）

□ 4 （豊）**ユタカナ**自然にめぐまれた土地。（　　）

□ 5 （久）おじには**ヒサシク**会っていない。（　　）

□ 6 （務）総会で議長を**ツトメル**。（　　）

□ 7 （志）サッカー選手を**ココロザス**。（　　）

□ 8 （易）理科は**ヤサシイ**問題だった。（　　）

□ 9 （絶）ぱったりと人通りが**タエル**。（　　）

□ 10 （増）仲間がどんどん**フエル**。（　　）

□ 11 （比）姉と妹の体重を**クラベル**。（　　）

□ 12 （構）何があっても堂堂と**カマエル**。（　　）

□ 13 （修）大学で医学を**オサメル**。（　　）

□ 14 （救）病気の人を**スクウ**薬ができた。（　　）

□ 15 （勢）**イキオイ**に乗ってつき進む。（　　）

□ 16 （逆）親の言い付けに**サカラウ**。（　　）

□ 17 （迷）知らない町で道に**マヨウ**。（　　）

□ 18 （留）学校からの注意を心に**トメル**。（　　）

部首名と部首

◆次の漢字の**部首名**と**部首**を書きなさい。**部首名**は、後の[　]から選んで**記号**で答えなさい。

解答➡べっさつP.8

合格点 10/14　得点 /14

	漢字	部首名	部首
1	貿・責	（　　）	［　　］
2	領・類	（　　）	［　　］
3	団・園	（　　）	［　　］
4	属・屋	（　　）	［　　］

ア おおがい　**イ** かばね・しかばね
ウ くにがまえ　**エ** かい・こがい

	漢字	部首名	部首
5	適・選	（　　）	［　　］
6	徳・復	（　　）	［　　］
7	府・度	（　　）	［　　］
8	険・陸	（　　）	［　　］

ア ぎょうにんべん　**イ** まだれ
ウ しんにょう・しんにゅう
エ こざとへん

	漢字	部首名	部首
9	効・努	（　　）	［　　］
10	節・笑	（　　）	［　　］
11	寄・守	（　　）	［　　］
12	救・放	（　　）	［　　］
13	態・応	（　　）	［　　］
14	別・列	（　　）	［　　］

ア こころ　**イ** うかんむり
ウ ちから　**エ** のぶん・ぼくづくり
オ たけかんむり　**カ** りっとう

じゅく語作り

◆上の読みの漢字を□の中から選び、（　）にあてはめてじゅく語を作りなさい。答えは記号で書きなさい。

解答➡べっさつP.9

合格点	得点
11/15	/15

読み	じゅく語
セイ	（1）治・（2）神・（3）服
キ	（4）本・（5）則・（6）付

ア寄　イ製　ウ機　エ成　オ着　カ規　キ政　ク省　ケ精　コ基　サ記　シ制

□1（　　）　□2（　　）　□3（　　）

□4（　　）　□5（　　）　□6（　　）

読み	じゅく語
ハン	（7）定・（8）罪・（9）画
ジョウ	（10）温・（11）約・愛（12）
カン	習（13）・（14）線・（15）成

ア情　イ判　ウ乗　エ条　オ完　カ状　キ慣　ク観　ケ場　コ版　サ幹　シ飯　ス犯　セ感　ソ反　タ常　チ半　ツ官

□7（　　）　□8（　　）　□9（　　）

□10（　　）　□11（　　）　□12（　　）

□13（　　）　□14（　　）　□15（　　）

同じ読みの漢字

◆次の――線のカタカナを漢字になおしなさい。

解答➡べっさつP.9

合格点 11/15　得点 /15

□ 1 あの店は祝日も**エイ**業する。（　）

□ 2 短い時間が**エイ**遠に感じられた。（　）

□ 3 自らの無実を**ショウ**明する。（　）

□ 4 発表会に**ショウ**待される。（　）

□ 5 **ゲン**在まで続く昔からの製法。（　）

□ 6 結果には必ず**ゲン**因がある。（　）

□ 7 機械で布を**オ**る技術を学ぶ。（　）

□ 8 かたい木を**オ**るほどの力持ち。（　）

□ 9 十年を**ヘ**てやっと再会できた。（　）

□ 10 明らかに量が**ヘ**っている。（　）

□ 11 姉にセーターを**カ**した。（　）

□ 12 図書館で**カ**りた本を返す。（　）

□ 13 分**アツ**いトーストをかじる。（　）

□ 14 お茶が**アツ**くて飲めない。（　）

□ 15 今年の夏はひときわ**アツ**い。（　）

5日目 練習ドリル

読み

◆次の――線の漢字の読みをひらがなで書きなさい。

解答➡べっさつP.10

合格点	得点
13/18	/18

- □ 1 パソコンの使い方の講習を受ける。（　　）
- □ 2 自由研究に必要な情報を選ぶ。（　　）
- □ 3 休日の遊園地は混雑する。（　　）
- □ 4 チケットを有効な期間中に使う。（　　）
- □ 5 新しい考え方を提案する。（　　）
- □ 6 試合は最後まで接戦だった。（　　）
- □ 7 意志の強そうな目をしている。（　　）
- □ 8 ダンスの競技会に参加する。（　　）
- □ 9 店の営業時間を決める。（　　）
- □ 10 参加人数分の炭酸飲料を買う。（　　）
- □ 11 今年の米は豊作だ。（　　）
- □ 12 これまでの経験をいかす。（　　）
- □ 13 眼下に広がる街の風景。（　　）
- □ 14 設備が整った客船を造る。（　　）
- □ 15 祖父母に久しぶりに会う。（　　）
- □ 16 車を道の左側に寄せる。（　　）
- □ 17 ねこの額ほどの小さな庭。（　　）
- □ 18 妹には青い服が似合う。（　　）

書き取り

◆次の——線の**カタカナ**を**漢字**になおしなさい。

解答➡べっさつP.10

合格点	得点
13/18	/18

□ 1 電気の流れを**リャクズ**で示す。

□ 2 新しい土地に**ジュウキョ**を定める。

□ 3 強い日差しから目を**ホゴ**する。

□ 4 石油は**ユニュウ**にたよっている。

□ 5 鉄道のきっぷを**オウフク**で買う。

□ 6 会社をやめて**ドクリツ**する。

□ 7 話の**ナイヨウ**を整理する。

□ 8 **カンシャ**の気持ちを口に出す。

□ 9 **ゼイキン**の使いみちを知る。

□ 10 列車が鉄橋を**ツウカ**する。

□ 11 日本の**ボウエキ**について調べる。

□ 12 その時代に特有の**ケンチク**様式。

□ 13 自然**サイガイ**のニュースが増えた。

□ 14 どちらを選ぶか**マヨ**う。

□ 15 朝から**タ**え間なく電話が鳴る。

□ 16 親に**サカ**らってまで夢を追う。

□ 17 見落としがないか**タシ**かめる。

□ 18 両側から**ササ**えられてすわる。

画数

◆次の漢字の**太い画**のところは**筆順の何画目**か、また**総画数は何画**か、**算用数字**（1、2、3…）で答えなさい。

解答➡べっさつP.10

合格点	得点
14/20	/20

番号	漢字	何画目	総画数
1	罪	（　）	［　］
2	歴	（　）	［　］
3	演	（　）	［　］
4	構	（　）	［　］
5	破	（　）	［　］
6	在	（　）	［　］
7	準	（　）	［　］
8	率	（　）	［　］
9	属	（　）	［　］
10	版	（　）	［　］
11	興	（　）	［　］
12	義	（　）	［　］
13	妻	（　）	［　］
14	常	（　）	［　］
15	程	（　）	［　］
16	織	（　）	［　］
17	像	（　）	［　］
18	快	（　）	［　］
19	非	（　）	［　］
20	武	（　）	［　］

□は、
□て
ゆく人だ。

じゅく語の構成

◆漢字を二字組み合わせたじゅく語では、二つの漢字の間に意味の上で、次のような関係があります。

合格点	得点
14/20	/20

ア 反対や対《つい》になる意味の字を組み合わせたもの……（**上下**）

イ 同じような意味の字を組み合わせたもの…………（**森林**）

ウ 上の字が下の字の意味を説明（修飾《しょく》）しているもの…（**海水**）

エ 下の字から上の字へ返って読むと意味がよくわかるもの…（**消火**）

次の**じゅく語**は、右の**ア〜エ**のどれにあたるか、**記号**で答えなさい。

□ 1 志望（　）

□ 2 寄港（　）

□ 3 新設（　）

□ 4 採取（　）

□ 5 生産（　）

□ 6 損失（　）

□ 7 永遠（　）

□ 8 球技（　）

□ 9 勝敗（　）

□ 10 単複（　）

□ 11 気圧（　）

□ 12 発着（　）

□ 13 大河（　）

□ 14 絵画（　）

□ 15 検温（　）

□ 16 初夢（　）

□ 17 出欠（　）

□ 18 小枝（　）

□ 19 遠近（　）

□ 20 防火（　）

三字のじゅく語

◆次の**カタカナ**を**漢字**になおし、**一字**だけ書きなさい。

解答➡べっさつP.11

合格点	得点
12/17	/17

□ 1 **セイ**治家（　　）

□ 2 不**トウ**一（　　）

□ 3 世**キ**末（　　）

□ 4 **ベン**護士（　　）

□ 5 無**セキ**任（　　）

□ 6 老**ガン**鏡（　　）

□ 7 真**ハン**人（　　）

□ 8 **キン**等化（　　）

□ 9 **イ**食住（　　）

□ 10 国**サイ**化（　　）

□ 11 **ヒ**公開（　　）

□ 12 **リク**海空（　　）

□ 13 検**サ**室（　　）

□ 14 無事**コ**（　　）

□ 15 未**カイ**決（　　）

□ 16 無意**シキ**（　　）

□ 17 **サイ**利用（　　）

対義語・類義語

◆後の□の中のひらがなを漢字になおして、**対義語**（意味が反対や対《つい》になることば）と、**類義語**（意味がよくにたことば）を書きなさい。□の中のひらがなは**一度だけ**使い、**漢字一字**を書きなさい。

解答➡べっさつ P.11

合格点	得点
12/16	/16

対義語

□ 1 反対―（　　）成

□ 2 集団―（　　）別

□ 3 失点―（　　）点

こ・さん・とく

類義語

□ 4 発行―出（　　）

□ 5 用意―準（　　）

□ 6 理由―原（　　）

いん・ぱん・び

対義語

□ 7 理想―（　　）実

□ 8 不潔―（　　）潔

□ 9 利益―（　　）失

□ 10 例外―原（　　）

□ 11 基本―（　　）用

おう・げん・せい・そく・そん

類義語

□ 12 才能―（　　）質

□ 13 空想―想（　　）

□ 14 短所―（　　）点

□ 15 性質―性（　　）

□ 16 順番―順（　　）

かく・けっ・じょ・そ・ぞう

音と訓

◆漢字の読みには**音**と**訓**があります。次の**じゅく語の読み**は[ ]の中のどの組み合わせになっていますか。**ア～エ**の**記号**で答えなさい。

解答➡べっさつP.11

合格点	得点
16/22	/22

ア 音と音　**イ** 音と訓
ウ 訓と訓　**エ** 訓と音

1 桜《さくら》貝《がい》（　）
2 招《しょう》待《たい》（　）
3 手《て》帳《ちょう》（　）
4 大《おお》判《ばん》（　）
5 正《せい》義《ぎ》（　）
6 親《しん》身《み》（　）
7 新《しん》顔《がお》（　）
8 仏《ほとけ》心《ごころ》（　）
9 塩《しお》気《け》（　）
10 測《そく》定《てい》（　）
11 粉《こな》薬《ぐすり》（　）
12 旧《きゅう》型《がた》（　）
13 綿《わた》雲《ぐも》（　）
14 境《さかい》目《め》（　）
15 校《こう》舎《しゃ》（　）
16 暴《ぼう》風《ふう》（　）
17 現《げん》場《ば》（　）
18 領《りょう》土《ど》（　）
19 花《はな》束《たば》（　）
20 仮《か》定《てい》（　）
21 仕《し》事《ごと》（　）
22 禁《きん》止《し》（　）

同じ読みの漢字

◆次の――線のカタカナを漢字になおしなさい。

解答➡べっさつP.11

合格点 11/15　得点 　/15

1 子どもの数は年年**ゲン**少している。（　　）

2 作文を期**ゲン**までに書き上げる。（　　）

3 医**シ**に熱があると伝える。（　　）

4 うさぎの**シ**育係になる。（　　）

5 花びんを台所からげん関に**ウツ**す。（　　）

6 ペットのねこをカメラで**ウツ**す。（　　）

7 月は地球の**エイ**星である。（　　）

8 **エイ**語の発音を練習する。（　　）

9 印**ショウ**的な風景を絵にかく。（　　）

10 オリンピックで入**ショウ**する。（　　）

11 文には主語と**ジュツ**語がある。（　　）

12 来週、手**ジュツ**をする。（　　）

13 毎日の勉強を習**カン**にする。（　　）

14 朝**カン**の見出しに目を通す。（　　）

15 目的地まで新**カン**線に乗る。（　　）

模《も》擬《ぎ》試験①

解答➡べっさつP.13

制限時間 60分

合格点 140/200

得点 /200

1

次の——線の**漢字の読み**を**ひらがな**で書きなさい。

各1点 /20

1 人の流れに逆らって歩く。（　　）

2 万が一に備えて水を買っておく。（　　）

3 ボールがバットに当たった快い音。（　　）

4 テントを張ってキャンプする。（　　）

5 申しこみの期限までもうすぐだ。（　　）

6 家の建築に必要な図面をかく。（　　）

7 月の光に導かれて旅をしてみたい。（　　）

8 好きな場所に移動してよい。（　　）

2

次の——線の**カタカナ**を**○の中の漢字**と**送りがな**（**ひらがな**）で書きなさい。

各2点 /10

〈例〉(投)ボールを**ナゲル**。 投げる

1 (再)**フタタビ**会える日まで、さらば。（　　）

2 (破)紙でできた箱が**ヤブレル**。（　　）

3 (比)姉と弟の体重を**クラベル**。（　　）

4 (測)二か月ごとに身長を**ハカル**。（　　）

5 (燃)ストーブの火が**モエル**。（　　）

3

次の漢字の**部首名**と**部首**を書きなさい。**部首名**は、後の[　]から選んで**記号**で答えなさい。

各1点 /10

9 晴れていた空に雨雲が現れた。（　　）

10 体に悪いところがないか検査する。（　　）

11 地方に残る伝統を守る。（　　）

12 発表に必要な資料を集める。（　　）

13 学年に応じた漢字の使い方をする。（　　）

14 身なりを清潔に保つ。（　　）

15 児童会の書記を務める。（　　）

16 着る服を選ぶのに迷う。（　　）

17 水辺の生き物の生態を観察する。（　　）

18 雪解け水が川を下っていく。（　　）

19 台所の近くに居間がある。（　　）

20 動画を編集して使う。（　　）

〈例〉花・茶　部首名（ア）　部首［艹］

		部首名	部首
1	富・完	（　　）	［　　］
2	政・故	（　　）	［　　］
3	団・囲	（　　）	［　　］
4	則・利	（　　）	［　　］
5	造・連	（　　）	［　　］

ア くさかんむり
イ うかんむり
ウ にんべん
エ りっとう
オ くにがまえ
カ おおがい
キ のぶん・ぼくづくり
ク くち
ケ かい・こがい
コ しんにょう・しんにゅう

4

次の漢字の**太い画**のところは**筆順の何画目**か、また**総画数は何画**か、**算用数字**（1、2、3…）で答えなさい。

各1点　／10

〈例〉投（5）［7］
（何画目）［総画数］

何画目　総画数

1 断（　）［　］

2 価（　）［　］

3 構（　）［　］

4 武（　）［　］

5 義（　）［　］

5

漢字を二字組み合わせたじゅく語では、二つの漢字の間に意味の上で、次のような関係があります。

各2点　／20

6

次の**カタカナ**を**漢字**になおし、**一字だけ**書きなさい。

各2点　／20

1 不道**トク**（　）

2 不利**エキ**（　）

3 新校**シャ**（　）

4 **コウ**果的（　）

5 非常**シキ**（　）

6 百分**リツ**（　）

7 感謝**ジョウ**（　）

8 無所**ゾク**（　）

9 芸**ジュツ**家（　）

10 血**エキ**型（　）

7

後の[　]の中のひらがなを漢字になおして、**対義語**（意味が反対や対《つい》になることば）と、**類義語**（意味がよくにたことば）を書きなさい。[　]の中のひらがなは**一度だけ**使い、**漢字一字**を書きなさい。

各2点　／20

ア 反対や対《つい》になる意味の字を組み合わせたもの………（**上下**）
イ 同じような意味の字を組み合わせたもの…………（**森林**）
ウ 上の字が下の字の意味を説明（修飾《しょく》）しているもの…（**海水**）
エ 下の字から上の字へ返って読むと意味がよくわかるもの…（**消火**）

次の**じゅく語**は、右の**ア〜エ**のどれにあたるか、**記号**で答えなさい。

1 休刊（　　）
2 永遠（　　）
3 仮説（　　）
4 強弱（　　）
5 衣服（　　）
6 加減（　　）
7 製鉄（　　）
8 保温（　　）
9 昼夜（　　）
10 得失（　　）

対義語

1 正式―（　）式
2 共同―単（　）
3 応用―（　）本
4 回答―（　）問
5 主語―（　）語

き・しつ・じゅつ・どく・りゃく

類義語

6 体験―（　）験
7 留守―不（　）
8 医者―医（　）
9 中身―内（　）
10 関心―（　）味

きょう・けい・ざい・し・よう

6日目

8

上の読みの漢字を［　］の中から選び、（　）にあてはめて**じゅく語**を作りなさい。答えは**記号**で書きなさい。

各２点　／12

コウ	（　）習・（　）石・（　）地
サイ	夫（　）・（　）害・（　）集

ア 妻　**イ** 港　**ウ** 鉱　**エ** 再　**オ** 康　**カ** 際　**キ** 採
ク 講　**ケ** 工　**コ** 最　**サ** 耕　**シ** 災

9

漢字の読みには**音**と**訓**があります。次の**じゅく語の読み**は［　］の中の**ア～エ**のどの組み合わせになっていますか。**ア～エ**の**記号**で答えなさい。

各２点　／20

ア 音と音　**イ** 音と訓　**ウ** 訓と訓　**エ** 訓と音

1 新芽《しんめ》　（　）
2 初孫《はつまご》　（　）
6 格安《かくやす》　（　）
7 梅酒《うめしゅ》　（　）

11

次の——線の**カタカナ**を**漢字**になおしなさい。

各２点　／40

1 父母を**マネ**いて特別授業をする。（　）
2 **ガク**に入った絵を見る。（　）
3 物をぬすむことは**ツミ**である。（　）
4 子ども時代に**ホウフ**な体験をする。（　）
5 クラス全員で金魚を**シイク**する。（　）
6 大雨で川の水量が**フ**えている。（　）
7 **ソウゾウ**上の人物が主人公の物語。（　）
8 オリンピックで**ドウ**メダルを取る。（　）
9 地方の歴史に関心を**ヨ**せる。（　）

3 係員《かかりいん》

4 両側《りょうがわ》

5 安易《あんい》

8 葉桜《はざくら》

9 雑木《ぞうき》

10 財産《ざいさん》

10 次の——線の**カタカナ**を**漢字**になおしなさい。

各2点　／18

1 チャイムが**ナ**ってみな席に着く。

2 地方での新しい生活に**ナ**れる。

3 この**カ**格では高くて買えない。

4 許**カ**を得て写真を使用する。

5 新しい提案に**サン**成する。

6 このりんごは**サン**味が強い。

7 古くから**ボウ**易で栄えた国家。

8 **ボウ**力をふるうのは良くない。

9 **ボウ**火のために水をためておく。

---

10 **ギンガ**は天体の一部である。

11 人工**エイセイ**からデータがとどく。

12 取引の**ジョウケン**を示す。

13 **エンギ**がじょうずな子役。

14 友達の家は商店を**イトナ**んでいる。

15 太い木の**ミキ**に手を回す。

16 不注意が**ゲンイン**でなべをこがした。

17 **ヒサ**しぶりに駅まで歩く。

18 自転車を**カ**してもらって出かけた。

19 実が多くなるよう**ヒリョウ**をまく。

20 妹は父によく**ニ**ている。

模《も》擬《ぎ》試験 ②

制限時間 60分

合格点 140/200

得点 /200

1

次の——線の**漢字の読み**を**ひらがな**で書きなさい。

各1点 /20

1 朝から工事の音が絶え間なく続く。（　　）

2 道に面して門を構える。（　　）

3 運動クラブに所属する。（　　）

4 早起きの習慣を身につける。（　　）

5 金額が合っているか確かめる。（　　）

6 文に句読点をきちんと打つ。（　　）

7 その乗り物には身長の制限がある。（　　）

8 だんだん薬が効いてきた。（　　）

2

次の——線の**カタカナ**を**○の中の漢字**と**送りがな（ひらがな）**で書きなさい。

各2点 /10

〈例〉投 ボールを**ナゲル**。（投げる）

1 混 赤の絵の具に白を**マゼル**。（　　）

2 導 客人を席に**ミチビク**。（　　）

3 快 **ココロヨク**受け答えする。（　　）

4 険 **ケワシイ**山道を登る。（　　）

5 勢 **イキオイ**よく走りこむ。（　　）

3

次の漢字の**部首名**と**部首**を書きなさい。**部首名**は、後の□から選んで**記号**で答えなさい。

各1点 /10

9 かべにピンでポスターを留める。（　　）
10 規則正しい生活を心がける。（　　）
11 実験で理科への興味を引き出す。（　　）
12 倉庫から発送されたばかりの製品。（　　）
13 独学で学問を修めた。（　　）
14 運を天に任せる。（　　）
15 ビルを建設する工事が終わる。（　　）
16 注意深い行動が交通事故を防ぐ。（　　）
17 親の許しを得て遊びに行く。（　　）
18 小学生だけが招待された。（　　）
19 地図を複写して使う。（　　）
20 商店街で文具店を営んでいる。（　　）

〈例〉花・茶　（ア）［艹］　部首名　部首

部首名　部首

1 築・管（　　）［　　］
2 志・悲（　　）［　　］
3 領・願（　　）［　　］
4 述・逆（　　）［　　］
5 制・刷（　　）［　　］

ア くさかんむり
イ たけかんむり
ウ こころ
エ りっとう
オ つち
カ おおがい
キ りっしんべん
ク くち
ケ かい・こがい
コ しんにょう・しんにゅう

4

次の漢字の**太い画**のところは**筆順の何画目**か、また**総画数は何画**か、**算用数字**（1、2、3…）で答えなさい。

各1点　／10

〈例〉投（5）〔7〕
何画目　総画数

何画目　総画数

1 減（　）〔　〕

2 貿（　）〔　〕

3 罪（　）〔　〕

4 婦（　）〔　〕

5 版（　）〔　〕

5

漢字を二字組み合わせたじゅく語では、二つの漢字の間に意味の上で、次のような関係があります。

各2点　／20

6

次の**カタカナ**を**漢字**になおし、**一字だけ**書きなさい。

各2点　／20

1 大事**ケン**（　）

2 標**ジュン**的（　）

3 祝**ガ**会（　）

4 **ユ**入品（　）

5 個**セイ**的（　）

6 高気**アツ**（　）

7 **ヒ**常口（　）

8 間**セツ**的（　）

9 市民**ゼイ**（　）

10 松竹**バイ**（　）

7

後の□の中のひらがなを漢字になおして、**対義語**（意味が反対や対《つい》になることば）と、**類義語**（意味がよくにたことば）を書きなさい。□の中のひらがなは**一度だけ**使い、**漢字一字**を書きなさい。

各2点　／20

ア 反対や対《つい》になる意味の字を組み合わせたもの……（**上下**）
イ 同じような意味の字を組み合わせたもの…………（**森林**）
ウ 上の字が下の字の意味を説明（修飾《しょく》）しているもの……（**海水**）
エ 下の字から上の字へ返って読むと意味がよくわかるもの……（**消火**）

次の**じゅく語**は、右の**ア〜エ**のどれにあたるか、**記号**で答えなさい。

1 銅貨（　）
2 大群（　）
3 護身（　）
4 破損（　）
5 集散（　）
6 居住（　）
7 省略（　）
8 自他（　）
9 軽重（　）
10 均等（　）

対義語

1 肉体—（　）神
2 形式—内（　）
3 結果—原（　）
4 質問—（　）答
5 現実—理（　）

いん・おう・せい・そう・よう

類義語

6 中止—中（　）
7 転業—転（　）
8 才能—（　）質
9 着目—着（　）
10 活発—（　）活

かい・がん・しょく・そ・だん

7日目

8 上の読みの漢字を[　　]の中から選び、(　)にあてはめて**じゅく語**を作りなさい。答えは**記号**で書きなさい。

各2点 ／12

エイ	運(　)・(　)星・(　)遠
カ	(　)面・(　)能・(　)口

ア 泳　**イ** 英　**ウ** 河　**エ** 課　**オ** 営　**カ** 栄　**キ** 可
ク 永　**ケ** 家　**コ** 果　**サ** 仮　**シ** 衛

9 漢字の読みには**音**と**訓**があります。次の**じゅく語の読み**は[　　]の中のどの組み合わせになっていますか。**ア～エ**の**記号**で答えなさい。

各2点 ／20

ア 音と音　**イ** 音と訓　**ウ** 訓と訓　**エ** 訓と音

1 手製《てせい》 (　　)
2 新型《しんがた》 (　　)
6 総出《そうで》 (　　)
7 夫妻《ふさい》 (　　)

11 次の――線の**カタカナ**を**漢字**になおしなさい。

各2点 ／40

1 クラスの有志で卒業文集を**ア**む。(　　)
2 太りすぎたので体重を**へ**らす。(　　)
3 特別**カカク**で安く買えた。(　　)
4 京都で**ブツゾウ**めぐりをする。(　　)
5 サルがおりの中で**アバ**れている。(　　)
6 **キュウキュウ**車がサイレンを鳴らす。(　　)
7 天体**カンソク**を望遠鏡で行う。(　　)
8 今日の勝利により首位を**タモ**つ。(　　)
9 旅に出て人の**ナサ**けを知る。(　　)

3 試合《しあい》（　　）

4 綿毛《わたげ》（　　）

5 初夢《はつゆめ》（　　）

8 清潔《せいけつ》（　　）

9 団子《だんご》（　　）

10 指示《しじ》（　　）

10 次の——線の**カタカナ**を**漢字**になおしなさい。

各２点　／18

1 ビデオの**ハン**定にしたがう。（　　）

2 **ハン**罪を未然に防止する。（　　）

3 みんなで問題を**カイ**決する。（　　）

4 多くの**カイ**良を経て売り出す。（　　）

5 在校生から感**シャ**の言葉をもらう。（　　）

6 校**シャ**の建てかえが進められる。（　　）

7 **サイ**害があった地方に寄付をする。（　　）

8 夏休み中に虫を**サイ**集する。（　　）

9 歌手活動を**サイ**開する。（　　）

---

10 キャンプで固形**ネンリョウ**を使う。（　　）

11 **ユタ**かな自然に囲まれた家。（　　）

12 **ショクドウ**の人気メニューをたのむ。（　　）

13 おやつのケーキが一つ**アマ**った。（　　）

14 戦国時代には**ブシ**がいた。（　　）

15 一年間の部活動の**ホウコク**をする。（　　）

16 土を**タガヤ**して花を植える。（　　）

17 昨日と**クラ**べると明らかに変わった。（　　）

18 人口の移り変わりを**チョウサ**する。（　　）

19 漢字の書き順を**フクシュウ**する。（　　）

20 **サクラ**の名所として有名な公園。（　　）

本書は「7日間完成！漢検6級書き込み式直前ドリル改訂版」の装丁デザインを変更したもので、内容は同じです。

7日間完成！　漢検6級
書き込み式　直前対策ドリル［新装改訂版］

新装版発行　2022年5月14日
重 版 発 行　2024年
編　　　者　株式会社　旺文社
発 行 者　粂川秀樹
発 行 所　株式会社　旺文社
〒162-8680　東京都新宿区横寺町55

印 刷 所　大日本印刷株式会社
製 本 所　大日本印刷株式会社

S4h086
ISBN978-4-01-092470-9

旺文社 お客様総合案内

●内容に関するお問い合わせは、弊社ホームページの「お問い合わせ」フォームにて承ります。
【WEB】 旺文社 お問い合わせフォーム
https://www.obunsha.co.jp/support/contact
●乱丁・落丁など製造不良品の交換・ご注文につきましては下記にて承ります。
【電話】0120-326-615（土・日・祝日を除く10：00～16：00）

PP

新配当漢字に対応

7日間完成!
漢検6級 直前対策ドリル

新装改訂版

書き込《こ》み式

べっさつ

もくじ

旺文社

1日目 練習ドリル

●読み（↓ほんさつ4ページ）

1 ほご
2 ひょうばん
3 れきし
4 せいかく
5 じつざい
6 かんそく
7 ぼうさい
8 ぶつぞう
9 しどう
10 ほうこく
11 こうしゃ
12 しゅび
13 おうふく
14 ちょきん
15 かぎ
16 む
17 あ
18 なさ

●書き取り（↓ほんさつ5ページ）

1 規則
2 技術
3 基本
4 賞状
5 効果
6 合格
7 国際
8 肉眼
9 山脈
10 混雑
11 清潔
12 喜
13 険
14 夢
15 示
16 飼
17 勢
18 燃

●じゅく語の構成（↓ほんさつ6ページ）

1 **イ**（移動《いどう》。どちらも「うつる」）
2 **エ**（在学《ざいがく》。いる↑学校に）
3 **イ**（安易《あんい》。どちらも「たやすい」）
4 **ウ**（最適《さいてき》。最も↓適している）
5 **イ**（計測《けいそく》。どちらも「はかる」）
6 **エ**（謝罪《しゃざい》。謝る↑罪を）
7 **ウ**（悲報《ひほう》。悲しい↓知らせ）
8 **イ**（豊富《ほうふ》。どちらも「ゆたか」）
9 **ウ**（罪人《ざいにん》。罪を犯した↓人）
10 **エ**（造船《ぞうせん》。造る↑船を）
11 **ウ**（快走《かいそう》。快く↓走る）
12 **ア**（増減《ぞうげん》。増える⇕減る）
13 **ア**（利害《りがい》。利益⇕損害）
14 **ア**（遠近《えんきん》。遠い⇕近い）
15 **イ**（道路《どうろ》。どちらも「みち」）
16 **ウ**（大仏《だいぶつ》。大きな↓仏像）
17 **ア**（苦楽《くらく》。苦しみ⇕楽しみ）
18 **ウ**（銅像《どうぞう》。銅製の↓像）
19 **ア**（売買《ばいばい》。売る⇕買う）
20 **エ**（入団《にゅうだん》。入る↑団体に）

●三字のじゅく語（↓ほんさつ7ページ）

1 衛（不衛生《ふえいせい》）
2 仮（仮分数《かぶんすう》）
3 輸（輸入品《ゆにゅうひん》）
4 績（好成績《こうせいせき》）
5 徳（道徳的《どうとくてき》）
6 松（松竹梅《しょうちくばい》）
7 幹（新幹線《しんかんせん》）
8 現（現住所《げんじゅうしょ》）
9 税（消費税《しょうひぜい》）
10 統（伝統的《でんとうてき》）
11 弁（弁当箱《べんとうばこ》）
12 停（停留所《ていりゅうじょ》）
13 条（好条件《こうじょうけん》）

14 独（独自性《どくじせい》）
15 慣（習慣化《しゅうかんか》）
16 経（未経験《みけいけん》）
17 暴（暴風雨《ぼうふうう》）

●対義語・類義語

（→ほんさつ8ページ）

1 禁（許可《きょか》―禁止《きんし》）
2 質（回答《かいとう》―質問《しつもん》）
3 逆（順風《じゅんぷう》―逆風《ぎゃくふう》）
4 任（責務《せきむ》―責任《せきにん》）
5 職（仕事《しごと》―職業《しょくぎょう》）
6 準（用意《ようい》―準備《じゅんび》）
7 仮（実名《じつめい》―仮名《かめい》）
8 液（固体《こたい》―液体《えきたい》）
9 断（用心《ようじん》―油断《ゆだん》）
10 絶（希望《きぼう》―絶望《ぜつぼう》）
11 祖（子孫《しそん》―先祖《せんぞ》）
12 久（永遠《えいえん》―永久《えいきゅう》）
13 築（建設《けんせつ》―建築《けんちく》）
14 過（以前《いぜん》―過去《かこ》）
15 居（家屋《かおく》―住居《じゅうきょ》）
16 均（平等《びょうどう》―均等《きんとう》）

●音と訓

（→ほんさつ9ページ）

1 **イ**（リョウ＋あし）
2 **エ**（みち＋ジュン）
3 **イ**（キュウ＋がた）
4 **エ**（さくら＋ソウ）
5 **エ**（よこ＋チョウ）
6 **エ**（て＋ソウ）
7 **ウ**（えだ＋まめ）
8 **イ**（ム＋くち）
9 **イ**（ミ＋かた）
10 **ウ**（はつ＋ゆめ）
11 **ア**（ケン＋サ）
12 **エ**（けし＋イン）
13 **ア**（サン＋ソ）
14 **エ**（ぬの＋ジ）
15 **ウ**（あつ＋がみ）
16 **ア**（ブ＋シ）
17 **イ**（マイ＋あさ）
18 **ウ**（おり＋もの）
19 **ア**（カイ＋ケツ）
20 **イ**（ザン＋だか）
21 **イ**（ジュウ＋ばこ）
22 **ウ**（かき＋とめ）

2日目 練習ドリル

読み (↓ほんさつ10ページ)

1 ゆそう
2 かいふく
3 ぶんかざい
4 はいふ
5 かいきん
6 ひりょう
7 きょか
8 しんきょう
9 どくしょう
10 こくさい
11 どうぞう
12 けっこう
13 かいしゅう
14 けわ
15 みき
16 くら
17 へ
18 ま

書き取り (↓ほんさつ11ページ)

1 金属
2 美術
3 採集
4 費用
5 均等
6 適切
7 夢中
8 応接
9 得意
10 道徳
11 指導
12 弁当
13 酸素
14 貯金
15 仏
16 群
17 述
18 再

漢字と送りがな (↓ほんさつ12ページ)

1 耕す
2 過ぎる
3 示す
4 任せる
5 厚い
6 支える
7 破る
8 確かめる
9 招く
10 余る
11 寄せる
12 設ける
13 暴れる
14 慣れる
15 率いる
16 限り
17 移す
18 快い

部首名と部首 (↓ほんさつ13ページ)

1 (**ウ**) こざとへん [阝]
2 (**ア**) まだれ [广]
3 (**エ**) りっとう [刂]
4 (**イ**) かい・こがい [貝]
5 (**ウ**) ぎょうにんべん [彳]
6 (**イ**) うかんむり [宀]
7 (**エ**) かばね・しかばね [尸]
8 (**ア**) のぶ

意味 読み13 [道路や建物などのこわれた所を直すこと]

[夂]

9 (エ) つち [土]

10 (ウ) おおがい [頁]

11 (イ) れんが・れっか [灬]

12 (ア) くにがまえ [囗]

13 (カ) しんにょう・しんにゅう [辶]

14 (オ) こころ [心]

●じゅく語作り

(↓ほんさつ14ページ)

1 ケ (事件《じけん》)
2 ウ (検査《けんさ》)
3 ア (経験《けいけん》)
4 イ (意志《いし》)
5 キ (教師《きょうし》)
6 シ (支店《してん》)
7 エ (招待《しょうたい》)
8 ツ (焼失《しょうしつ》)
9 シ (証明《しょうめい》)
10 コ (報告《ほうこく》)
11 キ (豊作《ほうさく》)
12 イ (包帯《ほうたい》)
13 ア (評判《ひょうばん》)
14 オ (氷河《ひょうが》)
15 ス (標準《ひょうじゅん》)

●同じ読みの漢字

(↓ほんさつ15ページ)

1 政
2 精
3 史
4 司
5 逆
6 坂
7 効
8 鉱
9 飼
10 買
11 務
12 努
13 益
14 易
15 液

3日目 練習ドリル

●読み（↓ほんさつ16ページ）

1 こうぞう
2 ぼうふう
3 さいせい
4 ようき
5 こうち
6 ぎんが
7 はんが
8 じゅんじょ
9 のうりつ
10 とうけい
11 てきど
12 かいえん
13 ねんりょう
14 いきお
15 と
16 な
17 もう
18 やぶ

●書き取り（↓ほんさつ17ページ）

1 現在
2 武士
3 責任
4 犯罪
5 校舎
6 直接
7 血液
8 授業
9 留学
10 評判
11 知識
12 禁止
13 出張
14 備
15 厚
16 過
17 易
18 防

●画数（↓ほんさつ18ページ）

	何画目	総画数
1	(5)	[8]
2	(4)	[13]
3	(2)	[10]
4	(6)	[8]
5	(11)	[12]
6	(8)	[17]
7	(13)	[15]
8	(5)	[7]
9	(9)	[12]
10	(8)	[14]
11	(4)	[5]
12	(4)	[12]
13	(6)	[8]
14	(2)	[11]
15	(3)	[11]
16	(8)	[15]
17	(3)	[8]
18	(3)	[6]
19	(7)	[11]
20	(3)	[7]

●じゅく語の構成（↓ほんさつ19ページ）

1 **ウ**（再会《さいかい》。再び↓会う）
2 **ア**（新旧《しんきゅう》。新しい⇕ふるい）
3 **ウ**（物価《ぶっか》。物の↓ねだん）
4 **エ**（加熱《かねつ》。加える↑熱を）
5 **イ**（救助《きゅうじょ》。どちらも「たすける」）
6 **ア**（自他《じた》。自分⇕他人）
7 **イ**（省略《しょうりゃく》。どちらも「はぶく」）
8 **ア**（因果《いんが》。原因⇕結果）
9 **ウ**（国境《こっきょう》。国の↓境
10 **イ**（願望《がんぼう》。どち
11 **ウ**（永住《えいじゅう》。
12 **ウ**、

13　ア（断続《だんぞく》。たちきる⇔続く）
14　ア（寒暑《かんしょ》。寒い⇔暑い）
15　イ（身体《しんたい》。どちらも「からだ」）
16　エ（禁漁《きんりょう》。禁じる←漁を）
17　ウ（眼科《がんか》。眼の→しんりょう科）
18　イ（単独《たんどく》。どちらも「ひとり」）
19　ア（損得《そんとく》。損⇔得）
20　ウ（人情《にんじょう》。人の→なさけ）

●三字のじゅく語（→ほんさつ20ページ）

1　可（可能性《かのうせい》）
2　夢（夢物語《ゆめものがたり》）
3　条（無条件《むじょうけん》）
4　織（毛織物《けおりもの》）
5　限（無期限《むきげん》）
6　均（平均化《へいきんか》）
7　証（証明書《しょうめいしょ》）
8　基（基本的《きほんてき》）
9　格（本格的《ほんかくてき》）
10　績（成績表《せいせきひょう》）
11　準（準決勝《じゅんけっしょう》）
12　雑（複雑化《ふくざつか》）
13　句（句読点《くとうてん》）
14　逆（逆回転《ぎゃくかいてん》）
15　情（無表情《むひょうじょう》）
16　圧（低気圧《ていきあつ》）
17　祖（祖父母《そふぼ》）

●対義語・類義語（→ほんさつ21ページ）

1　費（生産《せいさん》―消費《しょうひ》）
2　像（実際《じっさい》―想像《そうぞう》）
3　減（増加《ぞうか》―減少《げんしょう》）
4　絶（失望《しつぼう》―絶望《ぜつぼう》）
5　興（関心《かんしん》―興味《きょうみ》）
6　賛（同意《どうい》―賛成《さんせい》）
7　非（平常《へいじょう》―非常《ひじょう》）
8　支（本店《ほんてん》―支店《してん》）
9　益（損失《そんしつ》―利益《りえき》）
10　解（合成《ごうせい》―分解《ぶんかい》）
11　復（予習《よしゅう》―復習《ふくしゅう》）
12　災（火事《かじ》―火災《かさい》）
13　術（技能《ぎのう》―技術《ぎじゅつ》）
14　輸（運送《うんそう》―運輸《うんゆ》）
15　応（返事《へんじ》―応答《おうとう》）
16　保（衛生《えいせい》―保健《ほけん》）

⑦ 意味　三字のじゅく語２［実際にはありそうもない夢のような話］

4日目 練習ドリル

読み（↓ほんさつ22ページ）

1 おんてい
2 こせいてき
3 りゃくず
4 へいきん
5 さっぷうけい
6 ちょうさ
7 ぜっこう
8 けいかい
9 りゅうがく
10 にゅうしょう
11 ぎゃくてん
12 えいせい
13 かかく
14 たも
15 も
16 はか
17 きず
18 はか

書き取り（↓ほんさつ23ページ）

1 移動
2 準備
3 事故
4 伝統
5 祖母
6 辞職
7 雑草
8 破損
9 利益
10 朝刊
11 低気圧
12 建設
13 横断
14 小枝
15 限
16 耕
17 張
18 任

漢字と送りがな（↓ほんさつ24ページ）

1 貧しい
2 囲む
3 述べる
4 豊かな
5 久しく
6 務める
7 志す
8 易しい
9 絶える
10 増える
11 比べる
12 構える
13 修める
14 救う
15 勢い
16 逆らう
17 迷う
18 留める

部首名と部首（↓ほんさつ25ページ）

1 (エ) かい・こがい [貝]
2 (ア) おおがい [頁]
3 (ウ) くにがまえ [囗]
4 (イ) かばね・しかばね [尸]
5 (ウ) しんにょう・しんにゅう [辶]
6 (ア) ぎょうにんべん [彳]
7 (イ) まだれ [广]

8 （エ）こざとへん［阝］
9 （ウ）ちから［力］
10 （オ）たけかんむり［⺮］
11 （イ）うかんむり［宀］
12 （エ）のぶん・ぼくづくり［攵］
13 （ア）こころ［心］
14 （カ）りっとう［刂］

●じゅく語作り（↓ほんさつ26ページ）

1 キ（政治《せいじ》）
2 ケ（精神《せいしん》）
3 シ（制服《せいふく》）
4 コ（基本《きほん》）
5 カ（規則《きそく》）
6 ア（寄付《きふ》）
7 イ（判定《はんてい》）
8 ス（犯罪《はんざい》）
9 コ（版画《はんが》）
10 タ（常温《じょうおん》）
11 エ（条約《じょうやく》）
12 ア（愛情《あいじょう》）
13 キ（習慣《しゅうかん》）
14 サ（幹線《かんせん》）
15 オ（完成《かんせい》）

●同じ読みの漢字（↓ほんさつ27ページ）

1 営
2 永
3 証
4 招
5 現
6 原
7 織
8 折
9 経
10 減
11 貸
12 借
13 厚
14 熱
15 暑

意味 じゅく語作り10［①一定した温度。②温めたり冷たくしたりしないふつうの温度］

5日目 練習ドリル

読み（→ほんさつ28ページ）

1 こうしゅう
2 じょうほう
3 こんざつ
4 ゆうこう
5 ていあん
6 せっせん
7 いし
8 きょうぎかい
9 えいぎょう
10 たんさん
11 ほうさく
12 けいけん
13 がんか
14 つく
15 ひさ
16 よ
17 ひたい
18 にあ

書き取り（→ほんさつ29ページ）

1 略図
2 住居
3 保護
4 輸入
5 往復
6 独立
7 内容
8 感謝
9 税金
10 通過
11 貿易
12 建築
13 災害
14 迷
15 絶
16 逆
17 確
18 支

画数（→ほんさつ30ページ）

	何画目	総画数
1	（6）	[13]
2	（11）	[14]
3	（10）	[14]
4	（12）	[14]
5	（8）	[10]
6	（1）	[6]
7	（6）	[13]
8	（3）	[11]
9	（3）	[12]
10	（5）	[8]
11	（11）	[16]
12	（8）	[13]
13	（5）	[8]
14	（2）	[11]
15	（10）	[12]
16	（11）	[18]
17	（10）	[14]
18	（3）	[7]
19	（2）	[8]
20	（7）	[8]

じゅく語の構成（→ほんさつ31ページ）

1 **イ**（志望《しぼう》。どちらも「のぞむ」）
2 **エ**（寄港《きこう》。寄る↑港に）
3 **ウ**（新設《しんせつ》。新たに↓設ける）
4 **イ**（採取《さいしゅ》。どちらも「とる」）
5 **イ**（生産《せいさん》。どちらも「うむ」）
6 **イ**（損失《そんしつ》。どちらも「うしなう」）
7 **イ**（永遠《えいえん》。どちらも「ながい」）
8 **ウ**（球技《きゅうぎ》。球を用いる↓競技）
9 **ア**（勝敗《しょうはい》。勝ち⇕まけ）
10 **ア**（単複《たんぷく》。単数⇕複数）
11 **ウ**（気圧《きあつ》。大気の↓圧力）
12 **ア**（発着《はっちゃく》。出発⇕とう着）
13 **ウ**（大河《たいが》。大きい↓河）

意味 読み6［おたがいの力が同じくらいで、なかなか勝敗がつかない試合］

14 イ（絵画《かいが》。どちらも「え」）
15 エ（検温《けんおん》。はかる↑体温を）
16 ウ（初夢《はつゆめ》。年が改まって初めて見る↓夢）
17 ア（出欠《しゅっけつ》。出席⇕欠席）
18 ウ（小枝《こえだ》。小さい↓枝）
19 ア（遠近《えんきん》。遠い⇕近い）
20 エ（防火《ぼうか》。防ぐ↑火を）

●三字のじゅく語（↓ほんさつ32ページ）

1 政（政治家《せいじか》）
2 統（不統一《ふとういつ》）
3 紀（世紀末《せいきまつ》）
4 弁（弁護士《べんごし》）
5 責（無責任《むせきにん》）
6 眼（老眼鏡《ろうがんきょう》）
7 犯（真犯人《しんはんにん》）
8 均（均等化《きんとうか》）
9 衣（衣食住《いしょくじゅう》）
10 際（国際化《こくさいか》）
11 非（非公開《ひこうかい》）
12 陸（陸海空《りくかいくう》）
13 査（検査室《けんさしつ》）
14 故（無事故《むじこ》）
15 解（未解決《みかいけつ》）
16 識（無意識《むいしき》）
17 再（再利用《さいりよう》）

●対義語・類義語（↓ほんさつ33ページ）

1 賛（反対《はんたい》―賛成《さんせい》）
2 個（集団《しゅうだん》―個別《こべつ》）
3 得（失点《しってん》―得点《とくてん》）
4 版（発行《はっこう》―出版《しゅっぱん》）
5 備（用意《ようい》―準備《じゅんび》）
6 因（理由《りゆう》―原因《げんいん》）
7 現（理想《りそう》―現実《げんじつ》）
8 清（不潔《ふけつ》―清潔《せいけつ》）
9 損（利益《りえき》―損失《そんしつ》）
10 則（例外《れいがい》―原則《げんそく》）
11 応（基本《きほん》―応用《おうよう》）
12 素（才能《さいのう》―素質《そしつ》）
13 像（空想《くうそう》―想像《そうぞう》）
14 欠（短所《たんしょ》―欠点《けってん》）
15 格（性質《せいしつ》―性格《せいかく》）
16 序（順番《じゅんばん》―順序《じゅんじょ》）

●音と訓（↓ほんさつ34ページ）

1 ウ（さくら＋がい）
2 ア（ショウ＋タイ）
3 エ（て＋チョウ）
4 エ（おお＋バン）
5 ア（セイ＋ギ）
6 イ（シン＋み）
7 イ（シン＋がお）
8 ウ（ほとけ＋ごころ）
9 エ（しお＋ケ）
10 ア（ソク＋テイ）
11 ウ（こな＋ぐすり）
12 イ（キュウ＋がた）
13 ウ（わた＋ぐも）
14 ウ（さかい＋め）
15 ア（コウ＋シャ）
16 ア（ボウ＋フウ）
17 イ（ゲン＋ば）
18 ア（リョウ＋ド）
19 ウ（はな＋たば）
20 ア（カ＋テイ）
21 イ（シ＋ごと）
22 ア（キン＋シ）

●同じ読みの漢字（↓ほんさつ35ページ）

1 減
2 限
3 師
4 飼
5 移
6 写

他例 同じ読みの漢字3・4［支・志・資］

7 衛
8 英
9 象
10 賞
11 述
12 術
13 慣
14 刊
15 幹

6日目 模《も》擬《ぎ》試験①

❶ 読み（↓ほんさつ36ページ）

1 さか
2 そな
3 こころよ
4 は
5 きげん
6 けんちく
7 みちび
8 いどう
9 あらわ
10 けんさ
11 でんとう
12 しりょう
13 おう
14 せいけつ
15 つと
16 まよ
17 せいたい
18 ゆきど
19 いま
20 へんしゅう

❷ 漢字と送りがな（↓ほんさつ36ページ）

1 再び
2 破れる
3 比べる
4 測る
5 燃える

❸ 部首名と部首（↓ほんさつ36ページ）

1 (イ) うかんむり ［宀］
2 (キ) のぶん・ぼくづくり ［攵］
3 (オ) くにがまえ ［囗］
4 (エ) りっとう ［刂］
5 (コ) しんにょう・しんにゅう ［辶］

❹ 画数（↓ほんさつ38ページ）

何画目　総画数

1 (3) ［11］
2 (6) ［8］
3 (6) ［14］
4 (2) ［8］
5 (9) ［13］

❺ じゅく語の構成（↓ほんさつ38ページ）

1 エ（休刊《きゅうかん》。休む↑刊行を）
2 イ（永遠《えいえん》。どちらも「ながい」）
3 ウ（仮説《かせつ》。仮の↓説）
4 ア（強弱《きょうじゃく》。強い⇕弱い）
5 イ（衣服《いふく》。どちらも「きもの」）
6 ア（加減《かげん》。加える⇕減らす）
7 エ（製鉄《せいてつ》。つくる↑鉄を）
8 エ（保温《ほおん》。保つ↑温度を）
9 ア（昼夜《ちゅうや》。昼⇕夜）
10 ア（得失《とくしつ》。得る⇕失う）

❻ 三字のじゅく語（↓ほんさつ38ページ）

1 徳（不道徳《ふどうとく》）
2 益（不利益《ふりえき》）
3 舎（新校舎《しんこうしゃ》）
4 効（効果的《こうかてき》）
5 識（非常識《ひじょうしき》）
6 率（百分率《ひゃくぶんりつ》）
7 状（感謝状《かんしゃじょう》）
8 属（無所属《むしょぞく》）
9 術（芸術家《げいじゅつか》）
10 液（血液型《けつえきがた》）

意味 読み17［生き物が自然の中で生活するありさま］

⑦ 対義語・類義語 （↓ほんさつ38ページ）

1 略（正式《せいしき》—略式《りゃくしき》）
2 独（共同《きょうどう》—単独《たんどく》）
3 基（応用《おうよう》—基本《きほん》）
4 質（回答《かいとう》—質問《しつもん》）
5 述（主語《しゅご》—述語《じゅつご》）
6 経（体験《たいけん》—経験《けいけん》）
7 在（留守《るす》—不在《ふざい》）
8 師（医者《いしゃ》—医師《いし》）
9 容（中身《なかみ》—内容《ないよう》）
10 興（関心《かんしん》—興味《きょうみ》）

⑧ じゅく語作り （↓ほんさつ40ページ）

コウ—ク・ウ・サ（講習《こうしゅう》・鉱石《こうせき》・耕地《こうち》）
サイ—ア・シ・キ（夫妻《ふさい》・災害《さいがい》・採集《さいしゅう》）

⑨ 音と訓 （↓ほんさつ40ページ）

1 イ（シン＋め）
2 ウ（はつ＋まご）
3 エ（かかり＋イン）
4 イ（リョウ＋がわ）
5 ア（アン＋イ）
6 イ（カク＋やす）
7 エ（うめ＋シュ）
8 ウ（は＋ざくら）
9 イ（ゾウ＋き）
10 ア（ザイ＋サン）

⑩ 同じ読みの漢字 （↓ほんさつ41ページ）

1 鳴
2 慣
3 価
4 可
5 賛
6 酸
7 貿
8 暴
9 防

⑪ 書き取り （↓ほんさつ40ページ）

1 招
2 額
3 罪
4 豊富
5 飼育
6 増
7 想像
8 銅
9 寄
10 銀河
11 衛星
12 条件
13 演技
14 営
15 幹
16 原因
17 久
18 貸
19 肥料
20 似

7日目 模擬《もぎ》試験②

❶ 読み（↓ほんさつ42ページ）

1 た
2 かま
3 しょぞく
4 しゅうかん
5 たし
6 くとうてん
7 せいげん
8 き
9 と
10 きそく
11 きょうみ
12 せいひん
13 おさ
14 まか
15 けんせつ
16 ふせ
17 ゆる
18 しょうたい
19 ふくしゃ
20 いとな

❷ 漢字と送りがな（↓ほんさつ42ページ）

1 混ぜる
2 導く
3 快く
4 険しい
5 勢い

❸ 部首名と部首（↓ほんさつ42ページ）

1 （イ）たけかんむり ［⺮］
2 （ウ）こころ ［心］
3 （カ）おおがい ［頁］
4 （コ）しんにょう・しんにゅう ［⻌］
5 （エ）りっとう ［刂］

❹ 画数（↓ほんさつ44ページ）

	何画目	総画数
1	（11）	［12］
2	（6）	［12］
3	（10）	［13］
4	（2）	［11］
5	（1）	［8］

❺ じゅく語の構成（↓ほんさつ44ページ）

1 **ウ**（銅貨《どうか》。銅製の↓おかね）
2 **ウ**（大群《たいぐん》。大きな↓群れ）
3 **エ**（護身《ごしん》。まもる↑身を）
4 **イ**（破損《はそん》。どちらも「こわす」）
5 **ア**（集散《しゅうさん》。集まる⇕散る）
6 **イ**（居住《きょじゅう》。どちらも「すまい」）
7 **イ**（省略《しょうりゃく》。どちらも「はぶく」）
8 **ア**（自他《じた》。自分⇕他人）
9 **ア**（軽重《けいちょう》。軽い⇕重い）
10 **イ**（均等《きんとう》。どちらも「ひとしい」）

❻ 三字のじゅく語（↓ほんさつ44ページ）

1 件（大事件《だいじけん》）
2 準（標準的《ひょうじゅんてき》）
3 賀（祝賀会《しゅくがかい》）
4 輸（輸入品《ゆにゅうひん》）
5 性（個性的《こせいてき》）
6 圧（高気圧《こうきあつ》）
7 非（非常口《ひじょうぐち》）
8 接（間接的《かんせつてき》）
9 税（市民税《しみんぜい》）
10 梅（松竹梅《しょうちくばい》）

注意 じゅく語の構成9［「けいじゅう」とも読む］

❼ 対義語・類義語 （↓ほんさつ44ページ）

1 精（肉体《にくたい》—精神《せいしん》）
2 容（形式《けいしき》—内容《ないよう》）
3 因（結果《けっか》—原因《げんいん》）
4 応（質問《しつもん》—応答《おうとう》）
5 想（現実《げんじつ》—理想《りそう》）
6 断（中止《ちゅうし》—中断《ちゅうだん》）
7 職（転業《てんぎょう》—転職《てんしょく》）
8 素（才能《さいのう》—素質《そしつ》）
9 眼（着目《ちゃくもく》—着眼《ちゃくがん》）
10 快（活発《かっぱつ》—快活《かいかつ》）

❽ じゅく語作り （↓ほんさつ46ページ）

エイ—オ・シ・ク
（運営《うんえい》・衛星《えいせい》・永遠《えいえん》）

カ—サ・キ・ウ
（仮面《かめん》・可能《かのう》・河口《かこう》）

❾ 音と訓 （↓ほんさつ46ページ）

1 エ（て＋セイ）
2 イ（シン＋がた）
3 イ（シ＋あい）
4 ウ（わた＋げ）
5 ウ（はつ＋ゆめ）
6 イ（ソウ＋で）
7 ア（フ＋サイ）
8 ア（セイ＋ケツ）
9 イ（ダン＋ご）
10 ア（シ＋ジ）

❿ 同じ読みの漢字 （↓ほんさつ47ページ）

1 判
2 犯
3 解
4 改
5 謝
6 舎
7 災
8 採
9 再

⓫ 書き取り （↓ほんさつ46ページ）

1 編
2 減
3 価格
4 仏像
5 暴
6 救急
7 観測
8 保
9 情
10 燃料
11 豊
12 食堂
13 余
14 武士
15 報告
16 耕
17 比
18 調査
19 復習
20 桜